Lothar Zenetti
Leben liegt in der Luft

topos taschenbücher, Band 874
Eine Produktion des Matthias Grünewald Verlags

Lothar Zenetti

Leben liegt in der Luft

Worte der Hoffnung

topos taschenbücher

Verlagsgemeinschaft topos plus
Butzon & Bercker, Kevelaer
Don Bosco, München
Echter, Würzburg
Lahn-Verlag, Kevelaer
Matthias Grünewald Verlag, Ostfildern
Paulusverlag, Freiburg (Schweiz)
Verlag Friedrich Pustet, Regensburg
Tyrolia, Innsbruck

Eine Initiative der Verlagsgruppe engagement

Bibliografische Information der Deutschen Nationalbibliothek
Die Deutsche Nationalbibliothek verzeichnet diese Publikation in der
Deutschen Nationalbibliografie; detaillierte bibliografische Daten
sind im Internet über http://dnb.d-nb.de abrufbar.

2014 Verlagsgemeinschaft **topos** plus, Kevelaer
Das © und die inhaltliche Verantwortung liegen beim
Matthias Grünewald Verlag, Ostfildern

Einband- und Reihengestaltung | Finken & Bumiller, Stuttgart
Umschlagabbildung | www.photocase.de / Patzita
Herstellung | Friedrich Pustet, Regensburg
Printed in Germany

Topos ISBN: 978-3-8367-0874-6
www.toposplus.de

Inhalt

Vorwort 9

Aufdringliche Befragung
Aufdringliche Befragung 12
Auf der Suche nach Schuldlosen 13
Miserere 14
Unschuldswahn 15
Umkehr I 16
Umkehr II 17
Das Gewissen 18
Beobachtung 19
Wenn du beten willst 19
Mit den Jahren 20
Alltäglich denke ich 21
Finale 22
Nachdenken über Ezechiel 2,1 23
Missverständnis 24
Fragen 25
Gewissenserforschung 26
Im Gegenteil 27
Die Empörung Gottes 28
Zum Thema Nächstenliebe 30
Kleine Argumentationshilfen für
kritische Kirchen(nicht)besucher 32
Vollautomatische Waschanlage 34
Friedensgruß vor der Kommunion 35
Schwierigkeit 36
Niemals 37
Gewissensfrage 37
Vermutung 38
Die Lage 39
Geheimnis des Glaubens 40
Immerhin 41

Ein scheuer Gast 42
Hingabe 43
Der Holzweg 44

Brot für viele Menschen
Gründonnerstag 46
Ohne dich 47
Das letzte Mahl 48
Vermächtnis 49
Zum Mahl geladen 50
Er ist bei uns 51
Handkommunion 52
Das Weizenkorn muss sterben 53
Das Lied vom Geben und Nehmen 54
Seine offene Hand 55
Was ich sehe 56
Immer wieder 57
Ein Stück Brot 58
Sonntagsgottesdienst 59
Ein Mahl feiern 60
Einer für alle 61
Eine alte Frau 62
Gemeinsam 63
Verwandlung 64

Mit ausgebreiteten Armen
Er und wir 66
Wir 67
Mit ausgebreiteten Armen 68
Golgota 69
Ecce Homo 70
Pietà 71
Das Leidenswerkzeuge 72
Das Kreuz des Jesus Christus 73
Ärgernis 74
Passion 75

Einer 76
Hab keine Angst 77
Karsamstaglied 78

Das unbesiegbare Halleluja
Osternacht 80
Sisyphos 82
Lied zu Ostern 83
Sucht den Lebenden 84
Ostermorgen 86
Osterlied 87
Großer Sonnenfalter 88
Das große Osterfest 90
Jesus lebt 91
Einer ist unser Leben 92
Lieber Apostel Paulus 94
Auf die Frage 95
Kalauer 95
Gefährliche Saat 96
Ferne Erinnerung 97
Man lebt 98
Wir stehen auf 99
Osterabend 100
Folgerichtiger Gedankengang 101
Emmaus 102
Das Lied vom Tod und vom Leben 103
Weißt du 104
Auferweckung 105
Nachts geträumt 106
Wenn ich sterbe 107
Vor dem unendlichen Tag 108

Glaube liegt in der Luft
Erste Wahl 110
Pfingstsonntag 110
Pfingstlied heute 111

Pfingstgesang *112*
Herzklopfen *114*
Das Lied vom Gottes Wort *115*
Ein anderes Magnificat *116*
Verheißung *117*
Heutzutage *118*
Reibung *119*
Die neue Hoffnung *120*
Unsereiner *121*
Huldigung *122*
Vision *123*
Später *124*
Wo man andere liebt *126*
Segen *127*

Vorwort

Jetzt, während dieses Buch entsteht, ist es noch Winter. Die Bäume stehen kahl in der Kälte. Nasser Nebel liegt auf den Feldern. Es wird früh dunkel und kaum hell.
Doch es wird auch einmal die Zeit kommen, denke ich, da kündigt sich etwas Neues an. Da bleibst du eines Tages unvermittelt stehen auf deinem gewohnten Weg. Und du riechst und schnupperst in den Morgen und spürst: Es liegt etwas in der Luft, etwas wie Frühling und neues Leben!
Was wir so im Wechsel der Jahreszeiten in der Natur wahrnehmen, das wird uns zum Bild für die Wege und Wandlungen des Lebens, für unsere Ängste und Hoffnungen. Diesen Menschenweg – so sagt uns der Glaube – ist Gott selbst in Jesus Christus mit uns gegangen. In seinem Leben und Sterben, in seiner Auferweckung ist auch uns der Weg des Heils gewiesen, der Weg der Nachfolge. Er lässt uns im Jahreskreis durch die strenge Zeit der Besinnung und Umkehr und schließlich auch der Passion gehen. Er führt uns zu den großen Festen des neuen Lebens, Ostern und Pfingsten, und bis weit in das weitere Jahr hinein.
Immer, gerade auch in den dunklen, winterlichen Zeiten unseres Glaubens, dürfen wir aus der Hoffnung leben, dass Er kommt. Und dass in aller Armut und Winterstarre Sein Leben aufbricht und österlich in uns erblüht. So habe ich es einmal aufgeschrieben für mich:

Erwartung

Seine Bedingungen
sind die des Frühlings:
Arm musst du sein,
winterstarr unterm Schnee
mit kahlen Ästen,
ein Baum ohne Blätter.

Wenn Er kommt,
wachsen sie dir aufs Neue zu:
schöner.

Wenn Er kommt,
ersteht das Leben
in dir
mit hundert Blüten
für eine
hundertfältige Frucht.

Ich bin dem Verlag dankbar dafür, dass er eine
auf den Glaubensweg bezogene Auswahl meiner
Texte angeregt hat.
Frau Anneliese Hück hat dazu passende Texte
einfühlsam zusammengetragen. So verschieden sie
im Einzelnen auch erscheinen, es wollen Worte
lebendiger Hoffnung und Zuversicht sein. Mögen
sie uns öffnen für Ihn und das, was Er sagt: »Ich
bin gekommen, dass sie das Leben haben und es
in Fülle haben!« (Joh 10,10).

Lothar Zenetti

Aufdringliche
Befragung

Aufdringliche Befragung

Also du hast
niemandem etwas getan?
Auch nichts Gutes?
Nichts umsonst und
ohne Grund, nur so
aus Liebe?

Also du hast
niemanden umgebracht?
Auch nicht
um seinen guten Ruf
um seinen Schlaf
um seinen Glauben gebracht?

Also du hast
niemanden betrogen?
Auch nicht um die Hoffnung
in dir vielleicht
einem wirklichen
Christen zu begegnen und
Gottes Nähe zu erfahren?

Auf der Suche nach Schuldlosen

Nein, freizusprechen ist da keiner –

Der, wie er sagt,
noch keinen umgebracht hat,
der war vielleicht
nur weit genug vom Schuss
und hatte es nicht nötig,
sich zu schlagen.

Der, wie er sagt,
noch keinem Hungernden,
der ihn drum bat,
das Brot verweigert hat,
der aß sein Brot vielleicht
in einem satten Land und aß es fern
und ungestört von aller Not der Welt
in seinem Haus mit Butter und mit Wurst.

Der, wie er sagt,
noch keinen Streit begonnen hat,
der nahm vielleicht ganz einfach hin
die Ungerechtigkeit und fand es
nicht der Rede und des Streitens
wert, noch was daran zu ändern.

Nein, freizusprechen ist da keiner.

Miserere

Jesus, du kommst, die Sünder zu retten.
Findest du welche? Ich möchte wetten,
du findest keine, so ist das heute.
Es gibt einfach niemand, der etwas bereute
und sich als Sünder betrachten wollte,
der Rettung bedürftig, der Gnade. Sollte
jedoch unter all diesen braven und netten
Leuten wirklich ein Sünder sein, retten
lässt sich so ohne Weiteres keiner.

Was siehst du mich an, bin ich etwa einer,
ein Sünder? O Herr, erbarme dich meiner!

Unschuldswahn

Es sollte uns zu denken geben,
dass heute keiner mehr von Sünde spricht,
und kaum noch einer weiß, was es bedeutet,
erst recht nicht so ein Wort auf sich bezieht
und auf sein Handeln. Niemand fühlt sich
schuldig. Keinem fällt es ein, von irgendwem,
gar einem Gott, Vergebung zu erbitten. Nein,
es scheint, als sei das Böse aus der Welt
entschwunden.

Lebt es denn nur noch in der Kirche fort?
Da gibt's noch diese Sorte Mensch: die Sünder.
Da sagt man immer noch wie früher: Ich
bekenne, ich hab gesündigt, Herr, durch meine
große Schuld. Nur in der Kirche wagt man
noch zu reden von dem, was Menschen in
Jahrtausenden bewegte: von unsrer Schuld
und göttlichem Erbarmen.

Wenn aber niemand mehr sich schuldig fühlt,
dann braucht's auch kein Erbarmen und
Verzeihn. Und schuld an allem Bösen sind
die andern. Es wird sich schon wer finden,
gegen den man lautstark sich entrüstet.

Ich hasse diese selbstgerechte Heuchelei.
(Und bin doch grade eben selber schon dabei,
auf andere zu zeigen. Herr, verzeih!)

Umkehr I

Ich weiß nicht was ich beichten soll
Ich habe mir nichts vorzuwerfen
Ich halte mich immer an meine Grundsätze
Ich belüge niemand betrüge niemand
Ich bin höchstens mal ungeduldig
Ich habe vielleicht auch schon mal ein Gebet
    vergessen
Ich hätte vielleicht manchmal mehr Verständnis für
    meine Frau haben können
Ich habe mich nicht immer viel um sie gekümmert
Ich habe mich recht wenig um sie gekümmert
Ich habe nur an mich gedacht
Ich kenne eigentlich nur mich
Ich erkenne das
Ich bekenne

Umkehr II

Man hat doch nichts verbrochen
Man ist ja auch nur ein Mensch
Man lügt vielleicht schon mal
Man muss sehen wo man bleibt
Man muss ja Rücksicht nehmen
Man kann nicht wie man will
Man kann nicht aus seiner Haut
Man kann nicht alles wissen
Man schlägt sich so durch
Man kann nichts dafür

Ich

Das Gewissen

Ein gutes Gewissen ist
ein sanftes Ruhekissen
man bettet sich gut
und wie man sich bettet
so liegt man das ist
die erste Bürgerpflicht
Ruhe und wer schläft
der sündigt nicht
der erste Schlaf ist
immer der beste
schlafen wir also weiter
den Schlaf des Gerechten
dem Glücklichen schlägt
keine Stunde den Seinen
gibt's der Herr im Schlaf
der beste Schlaf ist
der vor zwölf
ein gutes Gewissen
sagt Albert Schweitzer
ist eine Erfindung
des Teufels

Beobachtung

In meinem Glaubensgärtchen
hinterm Haus, zwischen den
geheimnisvollen Rosen,
gedeiht neuerdings
und prächtig, wie man sieht,
dubium simplex,
der ganz gewöhnliche
Zweifel.

Wenn du beten willst

Wenn du beten willst
so geh in dein Kämmerlein
dein Dunkelkämmerlein
und entwickle das Bild
das Gott sich
von dir gemacht hat

Mit den Jahren

Ich bin schon lange nicht mehr,
ich gestehe, tief unten
in meinem Keller gewesen,
wo die alten Weine der Weisheit
liegen und das Wissen der
Jahrhunderte verstaubt,
das ich erwarb, o Thomas,
Tertullian und Berengar von Tours.

Auch war ich, fällt mir ein,
schon lange Zeit nicht mehr
da oben unterm Dach, wie früher,
wo ich den Schwalben nachsah
und selber das Fliegen versuchte.

Mit den Jahren gewöhnt
man sich an den alltäglichen
Bedarf, das, was gefragt ist
und was, und das ist wenig,
noch ankommt bei den Leuten.
So übe ich, die fremden Nöte
täglich mit Geduld zu hören,
dafür die eignen zu verschweigen,
die kostbare Zeit, wie gefordert,
mit ungezählten Beschäftigungen
pausenlos zu vertun,
die Rechnungen zu bezahlen
und mit den Drucksachen,
die der Postbote bringt,
auf dem Laufenden zu sein
in der Theologie des Tages.

Mit den Jahren
mag es dann gelingen,
mit Wasser zu kochen,
das unbegreifliche Brot
in sehr sehr kleinen
Brötchen zu backen
und langsam die Liebe
zu erlernen in allem.

Alltäglich denke ich

Alltäglich denke ich
viele Stunden lang
nicht an dich

Doch manchmal spüre ich
nur sekundenlang
du siehst mich

Dann wieder denke ich
viele Stunden lang
nicht an dich

Finale

Als erste löste sich eine goldene Zierleiste
oben vom linken Seitenaltar und fiel,
kaum hörbar, auf das blasse, mit Spitzen
besetzte Tuch, darauf Ora pro nobis zu lesen.
Ein kleines rundes Barockengelchen flog
erschrocken davon, und nur wenig später
legte der heilige Aloisius die weiße Lilie
nieder und wandte sich schweigend zum Gehen.
Die Blumen begannen zu welken, es löschten
die Kerzen der Andacht ihr Licht. Besorgt
zog die Madonna ihr Kind an sich und hob
die Augen bekümmert über die leeren Bänke.
Da klappten die vier Evangelisten die Bücher
zu an der Kanzel. Es hat keinen Zweck mehr,
sollte das heißen, wer braucht uns denn noch?
Wir kommen erst wieder, wenn ihr begreift,
was euch fehlt und Verlangen habt nach dem
lebendigen Wort! Und der göttlichen Gnade,
setzte die himmlische Mutter hinzu. Ein Ton
noch kam von der Orgel. Ein Schatten lief hin
über das Jüngste Gericht an der Decke. Es
zuckte noch einmal das Ewige Licht, ehe die
erste Säule zu wanken begann und das Gewölbe
krachend herniederbrach in einer Wolke von
Staub. Davon erwachte das ahnungslose Dorf.

Nachdenken über Ezechiel 2,1

Stell dich auf deine Füße,
spricht der Herr,
ich will mit dir reden!
Dies las ich
beim Propheten Ezechiel.

Stell dich auf deine Füße!
Heißt das für uns:
Hör auf zu knien, du
musst nicht im Staube kriechen,
du darfst, du sollst
du selber sein?

Oder ist ganz einfach
dies gemeint:
Heb deinen faulen Hintern
hoch, wenn du
mit mir, dem Herren
sprichst?

Missverständnis

Die Jünger Jesu sollen sein
das steht geschrieben:

die Hefe im Teig
das Licht in der Welt
die Stadt auf dem Berge

Aber nicht:

die Axt im Walde
das Haar in der Suppe
die Made im Speck

Fragen

Wenn ich euch so zuhöre und betrachte mir
die Programme eurer Gemeinden, ihr Christen,
dann kommen mir Fragen, verzeiht:

Sind die Hungernden nicht mehr hungrig,
die Dürstenden nicht mehr durstig,
die Bedürftigen nicht mehr bedürftig?

Können die Blinden nun sehen,
die Stummen nun reden,
die Lahmen nun gehn?

Haben die Fragenden Antwort,
die Zweifelnden Gewissheit,
die Suchenden ihr Ziel gefunden?

Sind die Armen im Geiste schon selig,
die Trauernden schon getröstet,
besitzen die Sanften schon das Land?

Wenn ich euch so zuhöre und betrachte mir
die Programme eurer Gemeinden, ihr Christen,
dann kommen mir Fragen, verzeiht!

Gewissenserforschung

I
Ich habe den Finger auf die Wunde gelegt
Ich habe den Finger nicht auf die Wunde gelegt

Ich habe andere mit Worten abgespeist
Ich habe andere nicht mit Worten gespeist

Ich war nicht traurig unter den Traurigen
Ich war nicht fröhlich unter den Fröhlichen

II
Ich habe nicht das Richtige getan
Ich habe das Richtige nicht getan

Ich habe nicht das Äußerste getan
Ich habe nicht das Innerste getan

Ich habe nicht getan, was ich tun konnte
Ich habe getan, was ich nicht tun konnte

III
Ich bin zu weit gegangen
Ich bin nicht weit genug gegangen

Ich bin nicht in mich gegangen
Ich bin nicht in alle Welt gegangen

Ich habe den Lebenden unter den Toten gesucht
Ich habe keine Berge versetzt

Im Gegenteil

Man kann nicht überseh'n, dass heutzutage
die Kirchen immer leerer werden in der
Stadt. Man fährt ins Grüne sonntags oder schläft
an diesem Tag sich mal so richtig aus.
Und selbst in traditionsbewussten Dörfern
ist es inzwischen nicht viel anders, heißt es,
nur noch die Alten kommen, aber sonst?

Was heißt schon Pflicht, wen kümmert ein Gebot?
Du sollst, du musst – das will doch keiner hören.
Der Christ ist mündig, er kann selbst entscheiden,
da mag der Pfarrer sagen, was er will.
Man kann den Herrgott auch im Freien loben,
das ist ihm lieber als der Weihrauchduft,
den ich ja ohnehin so schlecht vertrage.

Und wenn es stimmt, was man so reden hört,
dass nämlich die, die ständig in die Kirche
rennen, nicht besser sind als wir,
vielleicht sogar die Schlimmsten, – besteht
ja wohl kein Grund zu irgendeiner Panik,
wenn jetzt die Kirchen immer leerer werden,
ganz im Gegenteil!

Die Empörung Gottes

Die Empörung Gottes
geht in Lumpen einher
hat nur Fetzen an sich
sie geht barfuß und bloß
    Und sie sieht, was wir Christen tragen
    und sie fragt, was wir Christen tun
    und sie hört, dass wir Mitleid haben
    – vielleicht ist das nicht genug

Die Empörung Gottes
geht in Elend einher
schreit nach Brot und Arbeit
und sie bettelt am Weg
    Und sie sieht, was wir Christen haben
    und sie fragt, was wir Christen tun
    und sie hört, dass wir manchmal spenden
    – vielleicht ist das nicht genug

Die Empörung Gottes
geht in Ketten einher
unterm Joch der Herren
sucht sie Freiheit und Recht
    Und sie sieht, wie wir Christen leben
    und sie fragt, was wir Christen tun
    und sie hört, dass wir dafür beten
    – vielleicht ist das nicht genug

Die Empörung Gottes
geht an uns nicht vorbei
aus Millionen Augen
sieht sie uns heute an
    Und sie will, dass wir uns empören
    und sie fragt, ob wir Christen sind
    denn es gilt: Selig seid ihr Armen
    nicht den Satten gehört mein Reich!

Die Empörung Gottes
geht mit uns ins Gericht
und die Erde zittert
Herr, verdamme uns nicht!

Zum Thema Nächstenliebe

1
Schön wär's, wenn einer,
der mir nahe steht,
immer auch schon mein Nächster wäre.
Aber gewöhnlich ist es einer,
der mir zu nahe kommt.

2
Nächstens will ich den
Nächsten schon lieben,
meint mancher entschlossen.
Doch keinesfalls heute.

3
Vielleicht sollte man
nicht schon den Nächsten
oder gar Übernächsten lieben,
sondern erst einmal den,
mit dem man gerade zu tun hat.

4
Solange kein Nächster in Sicht,
liebt man sich selbst oder nicht?
Und kommt einer, liebt man ihn wie
sich selbst. Doch man hofft: er kommt nie.

5
Nah, näher, am nächsten.
Aber so nah, mein Bester,
nun auch wieder nicht!

6
Ich möcht ja meinen Nächsten gerne lieben
und helfen dem, der unter Räuber fiel.
Doch meine Liebe schenken auch den Dieben
und allen Räubern, das ist mir zu viel!

7
Nächste gibt es, die wollen
gar nicht geliebt sein,
die brauchen nur Geld.
Anderen biete ich Geld,
aber sie wollen geliebt sein.

8
Der Nächste bitte, –
der meine Hilfe braucht,
für den ich verantwortlich bin
und den ich lieben soll. –
Aber schön der Reihe nach,
einer nach dem andern.
Und bitte nicht so drängeln!

Kleine Argumentationshilfen
für kritische Kirchen(nicht)besucher

Kirchgang?
  Nur wenn man Lust hat, nicht aus Zwang!
Tag des Herrn?
  Am Sonntag schlafen wir halt lang!
Bei schönem Wetter:
  Da zieht's ins Grüne uns hinaus!
Regenwetter:
  Da jagt man keinen Hund vors Haus!
Frühmesse:
  Mir fällt das Aufstehn morgens schwer!
Spätgottesdienst:
  Da hat man nichts vom Sonntag mehr!
Kurze Messe:
  Dem Pfarrer eilt es aber heut!
Feierliches Hochamt:
  Das dauert ja 'ne Ewigkeit!
Normaler Gottesdienst:
  Dem Pfarrer fällt auch nichts mehr ein!
Neue Gottesdienstform:
  Was soll denn das nun wieder sein?!
Volkstümliche Predigt:
  Die Sprüche kenn ich alle schon!
Erbauliche Predigt:
  Der schwebt noch eines Tags davon!
Hochtheologisch:
  Der hält sich wohl für sehr gescheit!
Zeitlose Wahrheit:
  Und nichts zu Fragen unserer Zeit!

Aktuelle Verkündigung:
    Lasst sonntags mich damit in Ruh!
Lautes Orgelspiel:
    Da hält man sich die Ohren zu!
Altvertraute Lieder:
    Immer dasselbe Potpourri!
Neue Kirchenlieder:
    Da kennt kein Mensch die Melodie!
Der Kirchenchor singt:
    Besonders schwach war der Tenor!
Die Kinderschola:
    Das kommt mir reichlich albern vor!
Die Jugend musiziert:
    Da kannst du gleich zur Disco gehn!
Lateinisches Hochamt:
    Nur Bahnhof kann ich da verstehn!
Kirche ist kühl:
    Da holt man sich am End' den Tod!
Kirche ist geheizt:
    Da schwitzt man gleich wie ein Idiot!
Kollekte für die Weltnot:
    Da betteln sie für alle Welt!
Kollekte für die Gemeinde:
    Was macht der Pfarrer mit dem Geld?
Sonntagspflicht:
    Es stört mich schon das Wort: du musst!
Überhaupt:
    Ich hab ganz einfach keine Lust!

Vollautomatische Waschanlage

Vor Ostern,
wenn das schlechte Gewissen
kommt mit der Sonne,
reih' ich mich ein
rechtzeitig, denn Reue
kommt niemals zu spät,
in die Schlange der
Schmutzigen und Staubigen.

Der Blaue im Overall
winkt mich ein. Jetzt nur
abschalten, Gang raus, die
Bremsen los, sich überlassen.

Vollautomatische
Waschanlage, das ist
ein umfassender Vorgang
aus Wasserfluten und Walzen
und Reinigungsmitteln, die
um mein Image bemüht sind
und es erstrahlen lassen
dass es glänzt. Ich selber
fühl' mich ein wenig wie Noach
der Flut entronnen und
neu wie am Anfang.

Der Blaue im Overall
(was Überall heißt und
irgendwie auch so etwas
wie Gott, konkret
offenbar Italiener)
bedankt sich und wünscht
mir nachwinkend
Fröhliche Ostern!

Friedensgruß vor der Kommunion

Dem da
dem andern
dem x-beliebigen
dem wildfremden
der mir wurscht ist
der mich nichts angeht
dem man nicht trauen kann
dem man besser aus dem Weg geht
dem man's schon von Weitem ansieht
dem da
dem Spinner
dem Blödmann
dem Besserwisser
dem Speichellecker
der nicht so tun soll
dem's noch Leid tun wird
der mir's noch büßen soll
der noch was erleben kann
der sich nicht unterstehen soll
dem ich's schon noch zeigen werde
dem da
wünsche ich Frieden

Schwierigkeit

Ihr wollt
dass es so bleibt wie es ist
darum betet ihr
um Frieden

Wir wollen
dass es nicht so bleibt wie es ist
darum beten wir
um Frieden

Niemals

Niemals die einen
gegen die andern

Niemals die einen
über den andern

Niemals die einen
ohne die andern

Gewissensfrage

Bist du ein Christ?
Wenn ja –
warum nicht?

Vermutung

Ich bin fast sicher, dass die Gnade
– wenn wir schon davon reden –
keine mürrische Alte ist, die,
der Sache überdrüssig und
ohne mich weiter anzusehn,
das Gewünschte am Schalter
endlich mir hinschiebt.

Vielmehr ist sie das Lächeln
eines Mädchens, das sich
aufmerksam meines Falles
annimmt und mit
seinen sanften Augen,
so kommt es mir vor,
länger als nötig
mich ansieht.

Die Lage

Die Lage ist, so sagen manche, kritisch
in dieser Kirche. – Doch bedenkt:
Noch nie gab es so viele Christen unter uns,
die fordern, dass sich alles bessern soll
und es gefälligst anders werden muss. –
    Für so was waren einst Propheten nötig
    und Prediger der Buße, die das sagten.

Noch nie zuvor gab es so viele Gläubige,
die selbst entscheiden, was man glauben soll
beziehungsweise will – oder auch nicht. –
    Wir mussten früher alles Mögliche beachten,
    etwa das Credo oder auch die Bibel. –

Und nie, bedenkt, gab es so viele Christen,
die nicht das mindeste sich vorzuwerfen haben,
und ihr Gewissen weiß von keiner Sünde. –
    Dagegen war man früher, wie ihr wisst,
    doch unentwegt am Beichten. –

Auch gab es bisher nie so viele Gläubige,
die, wie sie sagen, keine Kirche brauchen
und gut auch ohne Sakrament auskommen. –
    Was war der Weg zum Heil, das Christentum,
    doch früher kompliziert! –

Bedenkt das alles, die ihr Christen seid
in dieser lauen und verwirrten Zeit.
Bedenkt es wohl, damit ihr endlich seht,
es hilft nur eines: Umkehr und Gebet.

Geheimnis des Glaubens

Deinen Tod, o Herr, verkünden wir,
und deine Auferstehung preisen wir,
bis du kommst ... So heißt es wohl,
und manchmal denk ich mir:
das Wort »Geheimnis« steht mit Absicht hier.
Und »preisen« heißt es, nicht enthüllen,
nicht mit Gerede jede Stille füllen.

Doch was gesagt ist, das erläutern wir,
und was gemeint ist, das erklären wir,
und was wir feiern, kommentieren wir,
und wenn's gewünscht wird, diskutieren wir.

Ich hoffe nur, man betet nie zu dir:
Deinen Tod, o Herr, begründen wir,
und deine Auferstehung, die beweisen wir.

Ach, wenn du kommst in Herrlichkeit,
erbarm dich deiner Christenheit,
vor allem: unsrer Gründlichkeit!

Immerhin

Es könnte doch sein,
dass es das gibt,
sagt, was ihr wollt:

Ein Erbarmen,
das mich hält,
das mich trägt
von jeher.
Ein Erbarmen,
in das ich mich
bergen kann
jederzeit.

Sagt, was ihr wollt,
es könnte doch sein,
dass es das gibt:

Dass einer ist,
der ja zu mir sagt,
der in mir atmet,
dessen Herz in mir schlägt,
der macht,
dass ich bin.

Es könnte doch sein,
dass es das gibt,
sagt, was ihr wollt.

Ein scheuer Gast

Du kommst
nicht als Räuber,
der an sich reißt mit Gewalt,
was ihm gefällt,
nicht wie einer,
der Forderungen stellt
oder aufdringlich
um Gaben bittet,
nicht wie ein Kellner,
der mir gelangweilt
die Rechnung präsentiert.

Du kommst
wie ein Eichhörnchen scheu
vorbei und du schaust,
ob ich vielleicht
etwas
für dich übrig habe.

Für eine einzige Nuss,
die ich gab, machst du,
dass ich ausschaue nach dir
jeden Tag.

Hingabe

Seh ich das Kreuz an und wie du gelitten,
wage ich nicht, um ein Kreuz dich zu bitten.
Ach, es genügte stattdessen schon: mitten

in den alltäglichen einfachen Dingen
mich selbst, wie ich bin, und alles Gelingen
und auch Versagen zum Opfer zu bringen.

Im Tun, im Reden und Schweigen
könnt ich mich demütig neigen
und wäre in allem dein Eigen.

Du kennst ja uns Menschen und unser Bestreben,
dir nur ein wenig, nicht alles zu geben.
Nein, gibt mir Großmut und weite mein Leben.

Und nicht, dass ich besser und frömmer erschein
oder belohnt werde, – nein, ganz allein,
um deiner Liebe würdig zu sein.

Der Holzweg

Zugegeben,
wir sind auf dem
Holzweg,
wenn wir ihm folgen:

Auf diesem mühsamen Weg
vom Holz der Krippe
im ärmlichen Stall
zum Holz des Kreuzes,
dem Marterpfahl,
an dem er litt.

Dazwischen
der harte Alltag des
Zimmermanns: Holz,
Balken und Latten ringsum.
Bretter, die die Welt
bedeuten. Das war
seine Welt. Holzgeruch
über Jahre hin.

Und nun also ich:
mit dem Brett
vor dem Kopf und dem
Balken im Auge.
Und ich (lacht nur),
ich will ihm nachgehn.

Brot für viele Menschen

Gründonnerstag

Ja, den andern mal so richtig
zeigen, wer der Boss ist!
Aber der Dumme sein, der ihnen den Dreck
　　wegmacht?

Ja, den andern mal so richtig
begreiflich machen, was ein Hammer ist!
Aber der sein, auf den man einschlägt?

Ja, den andern mal so richtig
klarmachen, wer an allem schuld ist!
Aber ohne schuld zu sein die Schuld auf sich
　　nehmen?

Ja, den andern mal so richtig
die Wahrheit sagen!
Aber selber Wahrheit sein?

Ja, den andern mal so richtig
den Kopf waschen!
Aber die Füße?

Ohne dich

Ohne dich
den großen Wanderer
und deine entschiedenen Fußspuren im Sand
kommen wir keinen Schritt weiter

Ohne dich
und deinen strahlenden Blick aus Licht
der die Augen auftat den Blinden
erlöschen die Kerzen auf unseren Altären

Ohne dich
und die Unwiderstehlichkeit
deiner sanften Stimme, die uns zu teilen heißt
geht uns noch heute das Brot aus

Ohne dich
du spendabler Gast
bei der fröhlichen Hochzeit von Kana
reicht unser Wein nicht zum unaufhörlichen Fest

Das letzte Mahl

Das Mahl am Tisch,
das letzte Mal zusammen,
die letzte Frist kennen,
das letzte Angebot machen.

Der Letzte sein,
den die Hunde beißen,
der letzte Dreck,
das letzte Wort.

Die Letzten werden
die Ersten sein,
das letzte Mahl wird
nicht das letzte Mahl sein.

Vermächtnis

Seht, das Brot, das wir hier teilen
das ein jeder von uns nimmt
ist uns von dem Herrn gegeben
immer will er bei uns sein

Seht, das Brot, das wir hier teilen
das ein jeder von uns nimmt
ruft nach Brot, um zu ernähren
alle Hungernden der Welt

Seht, der Kelch, den wir jetzt teilen
den ein jeder von uns nimmt
ist ein Zeichen für den Frieden
für den Bund in Christi Blut

Seht, der Kelch, den wir jetzt teilen
den ein jeder von uns nimmt
mahnt uns, dass auch wir versöhnen
und verbinden, was getrennt

Seht, was wir heut hier vollziehen
was wir miteinander tun
will den Tod des Herrn bezeugen
bis er wiederkommt in Kraft

Seht, was wir hier heute feiern
was wir miteinander tun
will uns neu mit ihm verbünden
dass wir tun, was er getan

Zum Mahl geladen

Ich bin nicht würdig, Herr, du weißt,
wie schwach ich bin und alle Tage
mich mühe und erneut versage,
und wie ich doch zu hoffen wage
auf dich und dass du mir verzeihst.

Kehr bei mir ein, ich bitte dich,
und sei mein Gast in dieser Stunde.
Und nur ein Wort aus deinem Munde,
o Herr, bewirkt, dass ich gesunde
an Leib und Seele, heile mich.

Sei du mir Nahrung, Lebensbrot,
und stärke mich, wenn ich verzage,
damit ich freudig Dank dir sage
und dich, nur dich im Herzen trage
und du mich rettest aus dem Tod.

Er ist bei uns

Eine unvergessliche Erinnerung
und eine Vorahnung,
die nicht zu enttäuschen ist:

Es war einmal
und es wird einmal sein.

So entzünden wir die Lichter
und wir hören das Wort.
Wir essen das Brot,
das nach Tod schmeckt
und nach Frieden.
Wir trinken aus dem Kelch
die Liebe.

Und er, der war
und den wir erwarten,
ist hier bei uns.

Handkommunion

Was Jesus für uns tat
bis in den Tod,
das kann nicht sterben,
das liegt auf der Hand.

Das wiegt leicht wie Brot,
das wiegt schwer wie der Tod,
das ist Brot zum Leben,
das liegt auf der Hand.

Das ist sein Leib,
verschenkt, verteilt,
einer für alle,
das liegt auf der Hand.

Was Jesus für uns tat
bis in den Tod,
das kann nicht sterben,
das liegt auf der Hand.

Das Weizenkorn muss sterben

Das Weizenkorn muss sterben,
sonst bleibt es ja allein,
der eine lebt vom andern,
für sich kann keiner sein.
    Geheimnis des Glaubens:
    Im Tod ist das Leben!

So gab der Herr sein Leben,
verschenkte sich wie Brot.
Wer dieses Brot genommen,
verkündet seinen Tod.
    Geheimnis des Glaubens:
    Im Tod ist das Leben!

Wer dies Geheimnis feiert,
soll selber sein wie Brot,
so lässt er sich verzehren
von aller Menschennot.
    Geheimnis des Glaubens:
    Im Tod ist das Leben!

Als Brot für viele Menschen
hat uns der Herr erwählt,
wir leben füreinander,
und nur die Liebe zählt.
    Geheimnis des Glaubens:
    Im Tod ist das Leben!

Das Lied vom Geben und Nehmen

Zum Geben und Nehmen will Gott uns befrein,
wir sterben und leben, wir sind nicht allein.

> Wenn einer voller Leben ist,
> dann helfe er den Schwachen,
> so mancher Mensch kann fröhlich sein,
> so mancher kann nicht lachen.
> Wenn einer viel sein Eigen nennt,
> dann teil er's mit den Armen,
> so mancher lebt für sich allein,
> so mancher braucht Erbarmen.

Aus Körnern und Reben wird Brot und wird Wein,
wir essen und trinken, der Herr lädt uns ein.

> Kann sein, dass du heut Tränen weinst,
> nicht jeder kann das: weinen.
> Kann sein, dass du den Glauben hast,
> so viele haben keinen.
> Kann sein, dass du heut glücklich bist,
> versuch das Glück zu teilen.
> Sieh doch den Menschen neben dir,
> vielleicht kannst du ihn heilen.

Zum Geben und Nehmen will Gott uns befrein,
wir sterben und leben, wir sind nicht allein.

Seine offene Hand

Seine offene Hand
reicht das Brot
teilt es an uns aus

Seine offene Hand
Hammerschlag
treibt den Nagel ein

Meine offene Hand
nimmt das Brot
auch den Hammerschlag?

Was ich sehe

Was ich sehe – gehört den Blinden
Was ich habe – den Habenichtsen
Was ich hoffe – den Hoffnungslosen
Ich gehöre den andern
Ich bin Speise
und Trank.

Wenn ich rede – dann für die Stummen
Wenn ich gehe – dann für die Lahmen
Wenn ich stark bin – dann für die Schwachen
Denn ich lebe für viele
Ich bin Speise
und Trank.

Immer wieder

Immer wieder decken wir den Tisch
an dem man
die Lichter entzündet der Hoffnung
und das Buch aufschlägt
mit der Botschaft des Lebens

Immer wieder decken wir den Tisch
an dem man
das weiße Brot bricht und teilt
in gleiche Teile und isst
an dem man
den roten Wein trinkt
miteinander
und eins wird mit Ihm

Immer wieder decken wir den Tisch
an dem man
erinnert was damals geschah
und das Kommende einübt
schon heute und hier

Geheimnis des Glaubens
Gastmahl des Friedens
der Herr ist bei uns

Ein Stück Brot

Ein Stück Brot
in meiner Hand
mir gegeben

> dass ich lebe
> dass ich liebe
> dass ich Speise bin
> für die andern

Ein Schluck Wein
in meinem Mund
mir gegeben

> dass ich lebe
> dass ich liebe
> dass ich Trank bin
> für die andern

Sonntagsgottesdienst

Ich will ja nichts als
hören das Wort, das einzige,
das mich lebendig macht,
das mich befreit, und
um mich sehen Menschen,
die daran glauben, so wie ich.

Ich will ja nichts als
meine Knie beugen vor
dem Geheimnis des Glaubens,
nichts als ausstrecken
meine Hand und öffnen
meinen Mund und essen das Heil.

Ich will ja nichts als
auf mich nehmen das Kreuz,
das der Segen uns auferlegt
für sieben neue Tage
und gehen dann, ein
kleiner Friede auf zwei Beinen.

Ein Mahl feiern

Wir wollen heut ein Mahl feiern
miteinander
und jeder
soll an Jesu Tod und
Auferstehung denken

Wir wollen dann sein Brot teilen
miteinander
und jeder
soll ein Stück empfangen
und davon essen

Wir wollen selber Brot werden
füreinander
und jeder
soll sich eine Scheibe
abschneiden können

Einer für alle

Alle Menschen, die es gibt
wollen glücklich sein
keiner hat das Glück für sich
keiner lebt allein

Jeder gibt ein kleines Stück
gibt sein Teil zum Brot
gibt sein Glück und seine Kraft
und auch seine Not

Einer gab sich selber ganz
in die Todesqual
er stand auf in Herrlichkeit
und hält mit uns Mahl

Jeder nimmt ein kleines Stück
und empfängt das Brot
lebt so aus der Andern Kraft
und teilt ihre Not

Alle sind so in dem Herrn
als sein Leib geeint
so geschieht die Kommunion
Gottes Reich erscheint

Eine alte Frau

Sie ging wohl immer, seit sie denken kann
und wie sie es gelernt in Kindertagen,
am Sonntag in die Kirche, um zu beten.

Tauchte den Finger ins geweihte Wasser und
zeichnete ein Kreuz auf Stirn und Herz und
Schultern und dachte dabei nur: O Herr,
ich bin dein Eigen!

Und nahm sein Wort ganz tief dann in sich auf,
das sagt: Willst du mein Jünger sein,
dann nimm die Last auf dich, dein Kreuz,
und geh mir nach!

Und nahm das weiße Brot, das ist sein Leib,
dahingegeben für uns alle in den Tod.
Und sie empfing in großer Ehrfurcht kniend
ihren lieben Gast.

Und zeichnete am Ende wiederum das Kreuz
mit schwerer Hand über sich selbst
und ihre Sorgen und nahm ihr Los
als einen Segen wieder an.

So tat sie immer, seit sie denken kann,
und ging, so hat sie es gelernt in all den
Jahren: Nicht ihrer, sondern Seiner Wege.

Gemeinsam

Gemeinsam Seinen Weg gehen
in der Dunkelheit
wohin Er uns auch führt
allein find ich ihn nicht

Einander bei der Hand halten
in der Dunkelheit
dass keiner sich verirrt
verlasst mich bitte nicht

Gemeinsam Seinen Tod sterben
in der Dunkelheit
und mit Ihm auferstehn
so fürchte ich mich nicht

Verwandlung

Gestern
die Verwandlung
des Wassers in Wein

Heute
die Verwandlung
des Weines in das Blut des Herrn

Morgen
die Verwandlung
meines Sterbens in sein Auferstehn

Mit ausgebreiteten Armen

Er und wir

Kein Stein
auf den er sein Haupt legen kann
schon gar nicht
der Stein der Weisen
Keine Kirche, trotz allem
auf die er sich restlos verlassen kann
Er ist unterwegs, ruhelos
zwischen gestern und morgen
irgendwo
und denkt
die Gedanken des Friedens

In jeder Nacht noch
wurden wir irre an ihm
und verleugnen ihn dreimal
noch heute am Feuer
wenn einer uns fragt
und erkennt an der Sprache
und leuchtet uns einmal
nah ins Gesicht

Er ist unterwegs, so heißt es
vielleicht gar nicht so weit
doch wir erkennen ihn nicht
nicht mit unseren Augen
Auf und ab gehen wir
auf der alten Straße nach Emmaus
und lesen in der vergilbten Schrift

An dem Tisch in der Herberge
sitzen wir allein überm Brot
seinen Tod verkünden wir
und seine Auferstehung preisen wir
Herr, wir warten auf dich alle Tage

Wir

Wenn man uns fragt,
so wie Petrus am Feuer,
ob wir ihn kennen,
dann weichen wir aus: Nein,
nicht dass wir wüssten.

Wenn uns die Sprache verrät,
die wir gelernt,
dann streiten wir's ab
und verleugnen: Nein,
zu seinen Freunden
gehören wir nicht.

Und es kräht kein Hahn danach.
Und wir weinen nicht bitterlich.

Mit ausgebreiteten Armen

Der, von dem ich erzählen will,
wurde geboren in Armut und starb,
noch jung, mit ausgebreiteten Armen
am Kreuz einen schrecklichen Tod.

Warum, worin bestand seine Schuld?
Oder anders gefragt: wem war er im Weg?
Er raubte kein Geld, kein Land, stürzte
keinen vom Thron, zog nicht in den
Krieg, schrieb nicht einmal Bücher.

Der Ort, wo er aufwuchs wie andere auch,
war ohne Bedeutung: ein Nest in den Bergen
am Rande des riesigen römischen Reiches.
Er lernte ein Handwerk, zimmerte Möbel,
bis er die Werkstatt verließ und sein Dorf
und umherzog im Land, das Wort auszusäen.

Er sah, wie man weiß, weder Rom noch Athen.
Aber er sah seinen Vater im Himmel und
sah auf der Erde die Menschen im Dunkel
und lehrte sie sehn mit anderen Augen.
Er heilte die Kranken, rief Tote ins Leben.
So zog er umher und warb um die Herzen
und sprach von der Liebe, dem
Königreich Gottes.

Er starb, wie er lebte,
und lebt, wie er starb:
mit ausgebreiteten Armen.

Golgota

Drei Räuber
kreuzigt man heute
auf Golgota:

Der linke nahm mir mein Geld
der rechte nahm mir mein Gut
der in der Mitte nahm mir meine Schuld

Auf Golgota
kreuzigt man heute
drei Räuber

Ecce Homo

Nicht der Machthaber –
der Ohnmächtige
den sie verlachten
hat an mich gedacht

Nicht der Gewinner –
der Verlierer
hat mich gewonnen

Pietà

Seht die Mutter voller Schmerzen,
wie sie mit zerrissnem Herzen
blickt voll Weh auf ihren Sohn.

Seinen Leib, am Kreuz gehangen,
hält die Mutter nun umfangen,
diesen Leib, den sie gebar.

Wer kann dieses Bild vergessen?
Wer kann hinsehn und ermessen
diesen Schmerz, dem keiner gleich?

Viele kommen, viele gehen,
ganze Gruppen bleiben stehen:
dieses Werk ist sehr berühmt.

Spätes vierzehntes Jahrhundert,
hört man sagen und bewundert
wird zumal der Faltenwurf.

Und die Mutter voller Schmerzen
seh ich mit zerrissnem Herzen
weinen. Und ich schäme mich.

Leidenswerkzeuge

Ich sehe auf dem Bild in der Kirche:
Geißel und Dornenkrone,
Leiter, Hammer, Nägel, Zange,
Würfel, Essigschwamm und Lanze,
das schwere Kreuz und die Inschrift daran.

Und ich denke weiter:
Feuer und Schwert,
Scheiterhaufen und Galgen,
elektrischer Stuhl und Schafott,
Daumenschrauben und Gehirnwäsche,
Pistolen und Gewehre,
Kanonen und Bomben und Raketen,
Napalm, Atom- und Wasserstoff.

Aber auch:
Krebs und Sklerose,
Smog und Lärm, Abgase, Alkohol, Drogen,
Slums, Wohnviertel, Tretmühlen aller Art,
Stress, der Leistungsdruck, das Alter,
die öffentliche Meinung.

Und endlich denke ich:
Dass uns das Leben täglich zum Tode verurteilt
und dass die Sonne sich nicht verfinstert
und die Erde nicht bebt, wenn wir sterben
und dass nichts vollbracht ist am Ende
und dass kein Hahn nach uns kräht

Es sei denn ...

Das Kreuz des Jesus Christus

Das Kreuz des Jesus Christus
durchkreuzt was ist
und macht alles neu

> Was keiner wagt, das sollt ihr wagen
> was keiner sagt, das sagt heraus
> was keiner denkt, das wagt zu denken
> was keiner anfängt, das führt aus
>
> wenn keiner ja sagt, sollt ihr's sagen
> wenn keiner nein sagt, sagt doch nein
> wenn alle zweifeln, wagt zu glauben
> wenn alle mittun, steht allein
>
> Wo alle loben, habt Bedenken
> wo alle spotten, spottet nicht
> wo alle geizen, wagt zu schenken
> wo alles dunkel ist, macht Licht

Das Kreuz des Jesus Christus
durchkreuzt was ist
und macht alles neu

Ärgernis

Dem ärmsten Hund
dem verlassensten Luder
wurde er Bruder. –
So war es zu lesen
in einem Text, den einer
als Entwurf einsandte
im Wettbewerb für
neue Kirchenlieder.
Nein, hieß es, das
geht nicht – Luder, das
geht zu weit, das
sagt man einfach nicht.
Sagten sie damals
nicht ähnlich:
Jesus, das geht nicht,
diesen Menschen
Bruder sein, das geht
zu weit, das
macht man einfach nicht.
Aber er machte es.
Sein Leben reimte Bruder
auf Luder.
Er glaubte daran.
Er musste dran glauben.

Passion

Ich kenne einen

der ließ sich von uns die Suppe versalzen
der ließ sich von uns die Chancen vermasseln
der ließ sich von uns das Handwerk legen
der ließ sich für dumm verkaufen
der ließ sich einen Strick drehen
der ließ sich an der Nase herumführen
der ließ sich übers Ohr hauen
der ließ sich von uns kleinkriegen
der ließ sich von uns in die Pfanne hauen
der ließ sich von uns aufs Kreuz legen
der ließ sich von uns Nägel mit Köpfen machen
der ließ sich zeigen was ein Hammer ist
der ließ sich von uns festnageln auf sein Wort
der ließ sich seine Sache was kosten
der ließ sich sehen am dritten Tag

der konnte sich sehen lassen

Einer

der sich verschenkte
der gab, was er hatte
der Brot wurde
und Wein
ein Stück Brot
ein Schluck Wein
für alle
die hungern und dürsten
nach Brot
nach Liebe
nach Gerechtigkeit

Seht
welch ein Mensch
der sich nehmen ließ
brechen, kauen, aufzehren
Stück um Stück
Tag um Tag
schlucken, schlürfen
ausnutzen, austrinken
bis zum letzten
Tropfen seines Blutes

bis alles
vollbracht war
und leer
das Grab

Ja dieser
war Gottes Sohn

Hab keine Angst

Hab keine Angst, denn ich erlöse dich.
Ich rufe dich beim Namen, du bist mein.

> Für diese Welt ist ein Leben zu Ende,
> für den, der glaubt, hat ein Leben begonnen.
> Jetzt weinen wir, da wir ihn nicht mehr haben,
> der unser war und den wir nicht mehr sehen.
>
> Wir suchen ihn bei dem Schöpfer des Lebens,
> denn er hat uns diesen Menschen gegeben.
> Er gab ihn uns und er hat ihn genommen,
> wir danken Gott, dass er unser gewesen.
>
> Auch wer da stirbt, bleibt in unserer Mitte,
> er geht voraus, und wir werden ihm folgen.
> So sterben wir, um verwandelt zu werden
> und unser Gott wird uns rufen zum Leben.

Hab keine Angst, denn ich erlöse dich.
Ich rufe dich beim Namen, mein bist du.

Karsamstagslied

Gestern starb ich sehr allein
Gestern gruben sie mich ein
Gestern war ich tot

Gestern hat man mich gesucht
Mich vergessen und verflucht
Gestern war ich tot

Morgen weinen wir nicht mehr
Morgen ist kein Stein zu schwer
Morgen steh ich auf

Morgen sind die Gräber leer
Morgen ist der Tod nicht mehr
Morgen steh ich auf

Das unbesiegbare Halleluja

Osternacht

Aller Augenschein sagt
    ein Grab ist ein Grab
    tot ist tot
    aus ist aus
    fertig nichts weiter

Wir haben nichts dagegen
    als eine winzige Hoffnung
Wir haben nichts in Händen
    als ein kleines Licht
    im Dunkeln
Wir haben nichts vor Augen
    als ein paar verwirrte
    erschrockene Menschen
    die es nicht fassen können
    dass er lebt
    und ein leeres Grab
Wir haben nichts
    als ein Lied auf den Lippen
    er ist auferstanden
    halleluja

Das ist der Anfang des menschlichen Lebens:
eine befruchtete Eizelle
ein winziges Gebilde von etwa 1/2 Millimeter
    Durchmesser und 1/200 Milligramm Gewicht

Eine winzige Hoffnung
    gegen allen Augenschein
ein kleines Licht
    in so viel Finsternis
ein paar fassungslose Menschen
    vor einem leeren Grab
ein Halleluja auf den Lippen
ein buntes Osterei
    das du mir schenkst
winzig sind die Argumente des Lebens
    gegen den Tod

Sisyphos

Das ist der Mensch,
der den Stein wälzt,
Sisyphos, unermüdlich bergauf,
der nicht Ruhe gibt, verurteilt
und sich verurteilend,
den Stein zu wälzen
wieder
auf das Grab, den Stein,
der weggewälzt war,
zu schließen endlich
wieder
das Grab,
das offen war, an einem Morgen,
ungeschehen zu machen,
was geschehen war,
da der Lebendige
von den Toten erstand.

Lied zu Ostern

Wir setzen einen Stein
und der Stein ist schwer
und keiner von uns hat
eine Hoffnung mehr
          halleluja
Wir hatten doch geglaubt
dass da einer wär
in dem uns Gott erschien
glauben es nicht mehr
          halleluja
Wir haben nur ein Grab
und das Grab ist leer
wir suchen unsern Herrn
finden ihn nicht mehr
          halleluja
Der Stein ist weggewälzt
und der Stein war schwer
der Herr erstand vom Tod
seht das Grab ist leer
          halleluja
Wir glauben dass er lebt
doch es fällt uns schwer
wir haben nur sein Wort
Ich geh vor euch her
          halleluja

Sucht den Lebenden

Wälzt ruhig einen Stein auf sein Grab
den schwersten, den ihr findet
den mit dem gewichtigsten Nachruf
verschließt, versiegelt, verrammelt sein Grab
stellt Wachen davor
Rot- oder Schweizergardisten
baut Tempel drauf, Denkgebäude, stapelt
Bibliotheken darüber oder
feiert, lobsingt –
doch sucht den Lebenden
nicht bei den Toten!

Oder
geht aufs Ganze
grabt auf, untersucht
sichert die Spuren
schickt Bodenproben ein
interviewt die Maulwürfe
befragt die Quellen
hört das Gras ab
lasst Experten ran, Theologen
Altertumskundler
Meinungsforscher, Museumsdiener
auch, wer weiß, Schmetterlingssammler –
doch sucht den Lebenden
nicht bei den Toten!

Oder lasst alles
auf sich beruhen
die Fakten, all das, wen interessiert's
ganz ohne Belang, sind wir uns
einig nach dem Tode Gottes
wem sagen Sie das
wenngleich
Hauptsache die Sache irgendwie
Jesu geht weiter
Hoffnung, würde ich sagen
ausgezeichnet, das Wohin
unseres Umgetriebenseins –
doch sucht den Lebenden
nicht bei den Toten!
Doch sucht den Lebenden –

Vielleicht
sechzig Stadien entfernt
zweieinhalb Stunden zu gehn
teilt er das Brot
mit den Freunden am Tisch –
wo das wirklich lag, Emmaus
ist heute umstritten –
Doch sucht den Lebenden
nicht bei den Toten!

Ostermorgen

Mir ist ein Stein
vom Herzen genommen:
meine Hoffnung
die ich begrub
ist auferstanden
wie er gesagt hat
er lebt er lebt
er geht mir voraus!

Ich fragte:
Wer wird mir
den Stein wegwälzen
von dem Grab
meiner Hoffnung
den Stein
von meinem Herzen
diesen schweren Stein?

Mir ist ein Stein
vom Herzen genommen:
meine Hoffnung
die ich begrub
ist auferstanden
wie er gesagt hat
er lebt er lebt
er geht mir voraus!

Osterlied

Seht, der Stein ist weggerückt
nicht mehr, wo er war
nichts ist mehr am alten Platz
nichts ist, wo es war
halleluja

Seht, das Grab ist nicht mehr Grab
tot ist nicht mehr tot
Ende ist nicht Ende mehr
nichts ist, wie es war
halleluja

Seht, der Herr erstand vom Tod
sucht ihn nicht mehr hier
geht mit ihm in alle Welt
er geht euch voraus
halleluja

Großer Sonnenfalter

Großer Sonnenfalter
aus den Quellgebieten des Amazonas
mit dem unbeschreiblichen Glanz von Gold
und Smaragd auf den Flügeln –
haben sie dich eingefangen endlich
im Netz ihrer Neugier?

Jetzt bist du zu besichtigen seit gestern
hinterm Glas des öffentlichen Unglaubens
in einem Kasten, eingeordnet in die
Reihe der nie gesehenen Raritäten
und der Aufmerksamkeit der
Besucher besonders empfohlen.

Aber sehen sie nicht,
dass dein angenagelter Leib atmet
und deine weit ausgebreiteten
schimmernden Flügel schon leise vibrieren?

Morgen wird niemand im Land
eine Erklärung wissen
für dein rätselhaftes Verschwinden.

Die Museumsdiener werden beteuern,
dass sie den Kasten und das Glas
am Morgen unversehrt und
wohl verschlossen fanden
und wie zu sehen, steckt,
die dich durchbohrt, die dünne
Nadel, fest an ihrem Platz.

Morgen, großer Falter, ich weiß,
wirst du hoch über der Erde
im Glanz von Gold und Smaragd
deine Flügel entfalten
unbeschreiblich.

Das große Osterfest

Tote Seelen werden lebendig.
Hilflose helfen, Stumme reden,
Blinde sehen Möglichkeiten.
Unbewegliche kommen in Bewegung.
Ängstliche stürzen sich in Vorhaben.
Anonyme machen sich einen Namen.
Die Passiven packen mit an.
Die mit den Ausreden reden sich Mut ein.
Unsichtbare lassen sich sehen.
Fernstehende treten näher.
Die sonst nie kommen, sind alle da.
Selbst Karteileichen werden lebendig.
Und alle feiern wir Auferstehung.

Jesus lebt

Seht, er lebt – ja, er lebt,
er stand auf am dritten Tag!
Seht, er lebt – Jesus lebt,
er steht mitten unter uns!

    Kommt durch die verschlossnen Türen,
    sagt zu uns: Habt keine Angst!
    Kommt wie damals so auch heute
    und sagt: Friede sei mit euch!

    Und wir hören seine Worte
    und es brennt in uns das Herz,
    und er bricht das Brot für alle
    und die Augen gehn uns auf.

    Keiner lebt nur für sich selber,
    keiner stirbt für sich allein,
    ob wir leben oder sterben,
    wir gehören zu dem Herrn.

    Er ist bei uns alle Tage
    bis ans Ende dieser Welt,
    und es ist kein anderer Name,
    der mich selig machen kann!

Seht, er lebt – ja, er lebt,
er stand auf am dritten Tag!
Seht, er lebt – Jesus lebt,
er steht mitten unter uns!

Einer ist unser Leben

Einer ist unser Leben,
Licht auf unseren Wegen,
Hoffnung, die aus dem Tod erstand,
die uns befreit.

> Viele hungern, die andern sind satt
> in dieser Welt.
> Einer teilte schon einmal das Brot,
> und es reichte für alle.

> Viele werden verkannt und verlacht,
> werden verfolgt.
> Einer nahm sich der Wehrlosen an,
> wurde arm mit den Armen.

> Viele kennen nur Waffen und Krieg,
> Hass und Gewalt.
> Einer lehrt uns, dem Feind zu verzeihn
> und die Menschen zu lieben.

Einer ist unser Leben,
Licht auf unseren Wegen,
Hoffnung, die aus dem Tod erstand,
die uns befreit.

Einer ist unser Leben,
Licht auf unseren Wegen,
Hoffnung, die aus dem Tod erstand,
die uns befreit.

> Viele Menschen sind blind oder stumm,
> wir sind es auch.
> Einer machte die Kranken gesund,
> einer heilte sie alle.

> Viele tasten durch Dunkel und Nacht,
> viele von uns.
> Einer ging wie ein Licht vor uns her
> in den Tod und das Leben.

Einer ist unser Leben,
Licht auf unseren Wegen,
Hoffnung, die aus dem Tod erstand,
die uns befreit.

Lieber Apostel Paulus

Lieber Apostel Paulus
wenn ich mal so sagen darf
nicht wahr, du hast doch
ich meine, was Jesus angeht
genauer seine Auferstehung
das nicht so wörtlich gemeint
eins Korinther fünfzehn
du weißt schon
nur
in dem Sinne wohl
dass er sozusagen geistig
sinnbildlich gemeint
in uns allen weiterlebt
dass wir neuen Mut fassen
den Blick erheben wie
die Natur erneut aufblüht
so ähnlich eben
es geht schon, die Sache
geht schon weiter, man muss
sie vorantreiben, die gute Sache
an die wir doch alle irgendwie
glauben, den Fortschritt, mein ich
Mitmenschlichkeit und so
Friede, nicht wahr
das wolltest du doch sagen –

Nein?

Topos plus

Ja, senden Sie mir regelmäßig Informationen über das Programm von Topos plus zu:

Name, Vorname

Straße

PLZ / Wohnort

Antwort

Verlagsgemeinschaft
Topos plus

Hoogeweg 71

D-47623 Kevelaer

Das Programm von Topos plus bietet Ihnen:

aktuelle Themen
religiöse Sachbücher
Lebenshilfe
Spiritualität
Biographien

Mitglieder der Verlagsgemeinschaft Topos plus:

Butzon & Bercker, Kevelaer
Don Bosco Verlag, München
Echter Verlag, Würzburg
Verlag Katholisches Bibelwerk, Stuttgart
Lahn-Verlag, Limburg-Kevelaer
Matthias-Grünewald-Verlag, Ostfildern
Paulusverlag, Freiburg (CH)
Verlag Friedrich Pustet, Regensburg
Verlagsanstalt Tyrolia, Innsbruck–Wien

Diese Karte entnahm ich dem Buch:

Zum Lesen bzw. zum Kauf wurde ich angeregt durch:

☐ Prospekt
☐ Anzeige
☐ Buchbesprechung
☐ Schaufenster
☐ Empfehlung im Buchhandel
☐ Empfehlung von Bekannten
☐ Geschenk

(Zutreffendes bitte ankreuzen)

Meine Meinung zu diesem Buch:

Verlagsgemeinschaft Topos plus

Auf die Frage

Auf die Frage des Spiegel
von Emnid ermittelt
ob es ein Leben
nach dem Tode gibt
sind von hundert Befragten
achtundvierzig dafür und
achtundvierzig dagegen.

Und wer entscheidet?

Kalauer

Ich war im Kino:

Blutüberströmt
fertiggemacht
fiel einer um
als Letzter von allen –
das war ein Western!

Ich war in der Kirche:

Blutüberströmt
fertiggemacht
stand einer auf
als Erster von allen –
das war ein Ostern!

Gefährliche Saat

Sie zählten dich unter die Missetäter
Sie beschlossen deinen Tod
Sie gruben dich ein

Doch es ging auf die gefährliche Saat
das unzerstörbare Leben
das brachte den Stein ins Rollen

Sie wollten dich unter die Erde bringen
aber
sie brachten dich unter die Leute

Ferne Erinnerung

Im Laufe der Zeit, und wie es so geht,
hatte ich fast diesen Namen vergessen.
Man hört ja nicht viel mehr von ihm,
höchstens am Sonntag, mag sein, in der
Kirche. Doch da, ich geb's zu, bin ich
selten. Und sonst blieb wenig von ihm:

Ein gutes Gesicht, das langsam verblasst,
und Wundergeschichten: die Hochzeit von
Kana, der Sturm auf dem Meer, und wie der
verlorene Sohn wieder nach Haus fand.
Und hieß es nicht auch: Der Herr ist mein
Hirt, all' unsere Sünden hat er getragen?

Der Glaube der Kindheit: spärliche Reste.
In späteren Jahren war anderes wichtig:
Geschäft und Familie, Sport und so weiter,
da blieb, wie's so ist, kaum Zeit mehr zum
Beten. Und langsam kam er abhanden, der
kindliche Glaube, eigentlich schade ...

Vorbei ist vorbei. Und heute ist Ostern.
Er ist auferstanden, so höre ich singen, es
kann ihm kein Felsen, kein Grab widerstehn.
Nur ich widersteh, ich kann's nicht mehr
glauben. Und wenn ich's versuche? Ach was,
heut' ist Ostern. Fahr'n wir ins Grüne!

Man lebt

Ich höre, dass man damit leben kann:
Mit Schlaf und Arbeit, Spaß und gutem Essen.
Habt ihr dabei nicht einiges vergessen?
Und überhaupt, was soll das heißen: man?

Und das soll wirklich alles sein,
wofür wir leben, das soll uns genügen:
der Tisch gedeckt, gelegentlich Vergnügen
und Händchen halten und ein Lottoschein?

Man lebt, und mehr fällt euch nicht ein,
als Geld verdienen und ein Auto fahren
und Steuern zahlen und für'n Urlaub sparen
und abends Fernsehn oder Sportverein?

Es ist nicht viel, was man so Leben nennt:
Erst Kinderspiel, dann selber Kinder kriegen,
dann einmal jährlich in der Sonne liegen
und Rentenanspruch und ein Testament.

Und das soll alles dann gewesen sein
für uns, und sonst soll es nichts geben?
In mir ist Sehnsucht, mehr möcht ich erleben
und Träume haben und unsterblich sein!

Wir stehen auf

Sucht den Lebendigen nicht bei den Toten,
denn er will in uns allen erstehn.
Ja es geschehen noch Zeichen und Wunder,
und wer glaubt, kann sie heute schon sehn.

> Vor Freude selig und von Tränen blind,
> mit Augen, die das Licht noch nicht ertragen,
> wie Menschen, die noch nicht geboren sind,
> so stehn wir auf am Morgen nach drei Tagen.
>
> Von finstern Mächten waren wir bewacht,
> gefesselt und dem Tode übergeben.
> Nun ist vorbei die lange dunkle Nacht,
> in Ängsten waren wir und sieh wir leben.
>
> Nun ist der Bann gebrochen, wir sind frei,
> nicht länger wird die Folter uns noch quälen,
> es singt ein Volk die große Litanei
> und niemand kann die vielen Stimmen zählen.

Sucht den Lebendigen nicht bei den Toten,
denn er will in uns allen erstehn.
Ja es geschehen noch Zeichen und Wunder,
und wer glaubt, kann sie heute schon sehn.

Osterabend

Warum diese Angst
und diese verschlossenen Türen
noch fester verschlossen
und abermals Riegel und Gitter davor
und abgesichert die Fenster nach draußen?

Drinnen Personenkontrolle:
was denkst, was glaubst, was bekennst du?
Es könnte ja immerhin sein, dass ein
Thomas unter uns ist, der da zweifelt
am Ostergeschehen und rüttelt,
was weiß ich, dazu noch am Heiligen
Stuhl und der Stellung der Frau in der
Kirche und wagt womöglich am Ende,
die Vertikale des Glaubens
aufzulösen in Mitmenschlichkeit.

Warum diese Angst,
als wäre noch immer nicht Ostern?
Beurlaubt endlich die Wächter am Grabe,
tut auf die verschlossenen Türen,
denn Jesus ist siegreich erstanden!

Was seid ihr so furchtsam, lacht er uns
an (risus paschalis, das Ostergelächter):
Seht doch, ich lebe, ihr zitternden Zeugen,
singt halleluja!

Folgerichtiger Gedankengang

Das soll so geschehen sein,

> dass da zwei Jünger gingen so enttäuscht
> nach Jesu Tod nach Emmaus hin und
> nicht verstanden, warum alles
> so gekommen war.

Das kann so gewesen sein,

> dass einer kam wie irgendeiner
> und sprach mit ihnen und erschloss
> den Sinn der Schrift, so
> dass ihr Herz entbrannte.

Das wird so geschehen sein,

> dass sie ihn baten, doch
> zu bleiben in der Nacht
> und dass sie dann am Tisch den Herrn
> erkannten, wie das Brot er brach.

Das muss so gewesen sein,

> denn auch uns ist es ebenso geschehn
> und es geschieht immer neu unter uns:
> In dem Wort und im Brot, mit den
> Augen des Glaubens erkennen wir ihn.

Emmaus

Zwischen den Zeilen
bist du zu lesen,
zwischen den Menschen
zuweilen zu spüren.

Und auf dem Weg
von Pontius zu Pilatus,
von mir zu mir selbst
und auch von mir weg
zu den andern;
kann sein einen
Atemzug lang
bist du zu spüren.

Zwischen den Zeilen
bist du zu lesen,
zwischen den Menschen
zuweilen zu spüren.

Gestern zum Beispiel,
als wir das Bauernbrot
aßen in Emmaus wir beide
an dem Tisch in der Mitte
zu dritt.

Das Lied vom Tod und vom Leben

Lasst uns das Lied singen vom Tod und vom Leben,
lasst uns das Lied singen von unsrer Befreiung.

> Seit es einer angestimmt auf der Erde,
> ist es niemals mehr verstummt bei den Menschen.
>
> Einer sang's dem andern zu durch die Zeiten,
> und wer glaubt an Jesus Christus, singt es weiter.
>
> Dies jahrtausendalte Lied vom Begraben
> und von dem, der auferstand, lasst es hören,
>
> dass auch ihr vom Tod ersteht in das Leben,
> einen Anfang hat dies Lied, doch kein Ende.

Lasst uns das Lied singen vom Leben und Sterben,
lasst uns das Lied singen von dem, der uns rettet.

Weißt du

Weißt du, was Jesus
aus deinem Leben machen kann?
Er öffnet dir die Augen
und du erkennst, was keiner sieht.

Weißt du, was Jesus
aus deinem Leben machen kann?
Er tut dir auf die Ohren
und du verstehst, was er dir sagt.

Weißt du, was Jesus
aus deinem Leben machen kann?
Er öffnet dir die Lippen
und du sprichst aus, was keiner sagt.

Weißt du, was Jesus
aus deinem Leben machen kann?
Er öffnet dir die Hände
und du verschenkst, was er dir gibt.

Weißt du, was Jesus
aus deinem Leben machen kann?
Er gibt dir eine Zukunft
und du stehst auf aus deinem Grab.

Auferweckung

Wenn ich tot bin,
geht alles ohne mich,
geht alles über mich hinweg,
hoch über mir geht es weiter,
das Leben, wie man das nennt,
alles geht weiter.

Nur ich, der ich tot bin,
der ich daliege reglos
mit geschlossenen Augen
im Dunkel der Erde,
ich höre auf.

Kann auch sein, ich höre dann
auf die Stille,
die mich umgibt.
Am Ende, heißt es,
ist darin am Anfang ein Wort,
eine unwiderstehliche Stimme.
Die nennt meinen Namen.
Die singt in mir.
Die heißt mich aufstehen.

Eine Kraft hebt mich hoch
und über alles hinaus
in ein unbeschreibliches Licht.

Seht doch, sage ich dann,
seht, ich lebe schon,
da ihr noch tot seid.

Nachts geträumt

Nachts kamen sie
die stummen Helfer des Todes
führten mich aus meinem Haus

Nichts konnte ich
mitnehmen ins Grab
nicht meine Papiere
keine Bücher kein Geld
nicht meine Kamera
kein Handy und keinen Computer
nicht meine Kleider
nicht Wäsche noch Schuhe
keines meiner guten Werke
keinen meiner Fehler
keine Erinnerung
nichts kannst du
mitnehmen in das Gericht
du hast nichts in
der Hand wenn es gilt

Der große Richter
flüstert man neben mir
soll Jude sein, ein
junger Mann um dreißig

Ich weiß
ich kenne ihn
all meine Hoffnung
setze ich auf ihn

Wenn ich sterbe

Die Stunde
zwischen Leben und Tod:
Bist du das,
dieses Röcheln aus
zerwühlten Kissen,
die gelbe fleckige Haut,
das Pergament, auf dem
die unsichtbare Schrift
bereits geschrieben wird
von einer Hand, die
sich nicht irrt?
Draußen entfernen sich
die Schritte der Lebenden.
Ende der Besuchszeit.
Nun wird das Nachtmahl
ausgeteilt. Das ist
die Zeit, da schwarz
erscheint das Fensterkreuz
im letzten Licht.
Dann kommt
die kleine Schwester aus Korea,
die Mutter, die vor
dreißig Jahren starb,
ein Freund vielleicht
der an dich denkt,
und einer, der dir sagt:
Hab keine Angst,
ich geh voraus.

Vor dem unendlichen Tag

Der Tod so schwer und so leicht
anfechtbar, eine Mauer aus Schweigen
vor dem unendlichen Tag
der aufsteht aus dem knirschenden Sand
unaufhaltsam
der seine Flügel schlägt
über den Schatten

Ein Erwachen von überall her
Augen die unsere Augen suchen
Hände die unsere Hände finden

Wir werden eine gemeinsame Sprache sprechen
vielstimmig wie Wasser es tut
werden wir singen

Der blindwütigen Beweise enthoben
werden wir uns erheben steil
mit den weißen Vögeln
über die Schneegrenze hinaus
hellsichtig
werden wir eingehen
in das siebenfarbene Licht
das lächelnd Besitz ergreift
von unseren Stirnen

Glaube liegt
in der Luft

Erste Wahl

Die er sich griff, die zwölf,
die waren nicht von Pappe:

Der Felsenmann,
der Eiferer,
die Donnersöhne,
und wie sie alle hießen,
die Zeugen seiner Auferstehung.

Wo die hinkamen,
da wuchs kein Gras mehr
über seinem Grab.

Pfingstsonntag

Der Pfarrer auf der Kanzel vergleicht
den Pfingstgeist mit Sturm und Feuer

aber keine Angst:

in den Kirchenbänken bleibt alles ruhig
mein Nachbar sieht verstohlen auf seine Uhr

Pfingstlied heute

Die Wunder von damals müssen's nicht sein,
auch nicht die Formen von gestern,
nur lass uns zusammen Gemeinde sein,
eins so wie Brüder und Schwestern,
    ja, gib uns den Geist, deinen guten Geist
    mach uns zu Brüdern und Schwestern!

Auch Zungen von Feuer müssen's nicht sein,
Sprachen, die jauchzend entstehen,
nur gib uns ein Wort, darin Wahrheit ist,
dass wir, was recht ist, verstehen,
    ja, gib uns den Geist, deiner Wahrheit Geist,
    dass wir einander verstehen!

Ein Brausen vom Himmel muss es nicht sein,
Sturm über Völkern und Ländern,
nur gib uns den Atem, ein kleines Stück
unserer Welt zu verändern,
    ja, gib uns den Geist, deinen Lebensgeist,
    uns und die Erde zu ändern!

Der Rausch der Verzückung muss es nicht sein,
Jubel und Gestikulieren,
nur gib uns ein wenig Begeisterung,
dass wir den Mut nicht verlieren,
    ja, gib uns den Geist, deinen heil'gen Geist,
    dass wir den Mut nicht verlieren!

Pfingstgesang

Komme, geheimnisvoller Atem,
leiser zärtlicher Wind,
hauche uns an, damit wir leben,
ohne dich sind wir tot!

Komme, in Feuer und in Flammen,
zünd uns an wie ein Licht,
mache uns trunken von der Liebe,
wir sind starr, tau uns auf!

Komme, Erfinder neuer Sprachen,
gieß dich aus über uns,
rede in uns mit neuen Zungen,
komm, begeistere uns!

Komme, du Hoffnung aller Armen,
schaff den Wehrlosen Recht,
dass die Gebeugten sich erheben,
dass sich Völker befrein!

Komme, du Tröster aller Müden,
Stille mitten im Lärm,
in den Terminen schaff uns Pausen,
lass uns ausruhn in dir!

Komme, du Taube übers Wasser,
bring den Ölzweig herbei,
bring uns das Zeichen für den Frieden,
den die Erde ersehnt!

Komme vom Vater und vom Sohne,
komm du schaffende Kraft,
mache uns neu, und unsre Erde
hat ein neues Gesicht!

Herzklopfen

Im Vogelhaus des
Zoologischen Gartens sah ich
fasziniert,
wie aus einem Hühnerei
unter wärmendem Licht
ein Küken ausschlüpft.
Von innen klopft
es mit seinem Schnabel
an die weiße Schale
und will ans Licht.

Daran musste ich denken,
als ich predigen hörte,
der Heilige Geist, der
weiße Vogel,
wohne in mir und
wolle kommen
in die Welt.

Mein Herzklopfen
vor einer mir zugemuteten
neuen Aufgabe –
muss ich das deuten
als das drängende Klopfen
eines unsichtbaren Schnabels
in mir?

Das Lied von Gottes Wort

Es ist ein Wort auf deinen Lippen
das geht vor uns her das geht über das Wasser
und wer es vernimmt
der folgt wie im Traum

> Wenn du sprichst
> vermehrt sich das Brot
> werden selig die Armen
> verlorene Söhne
> finden nach Haus

Es ist ein Wort auf deinen Lippen
das legt einen Schatz in den täglichen Acker
und wer ihn erkennt
gibt alles dafür

> Wenn du sprichst
> dann sehen wir schon
> mit verwunderten Augen
> die kommende Stadt
> hier wo wir sind

Es ist ein Wort auf deinen Lippen
das geht wie ein Lauffeuer rund um die Erde
das wandelt den Staub
in flammendes Licht

Ein anderes Magnificat

Ein Sämann ging aus
und ging über die Erde:
Ein Wort fiel vom Himmel
fiel mir in den Schoß.

Fiel auch auf den Weg
fiel auf steinigen Grund
fiel unter die Dornen
wer kann es verstehn?

Fiel unter die Räuber
fiel unter dem Kreuz
fiel tief in die Erde
wer kann es verstehn?

Die Saat brachte Frucht
und ging auf in der Erde:
Ein Wort fiel vom Himmel
fiel mir in den Schoß.

Verheißung

Menschen
die aus der Hoffnung leben
sehen weiter

Menschen
die aus der Liebe leben
sehen tiefer

Menschen
die aus dem Glauben leben
sehen alles
in einem anderen Licht

Heutzutage

Zur Zeit hört man vielfach
die Klage, der Papst und die Kirche
versage, kritisch sei unsere
Lage, so dass man als Christ schier

verzage. Verzeiht, wenn ich es nun
wage und meine Meinung hier
sage, dass ich hinterfrage die
Klage und dabei mich selber

befrage. Da muss ich gestehen: ich
trage ja ebenso bei zu der
Plage, indem ich nicht minder
versage. Das ist, ich sag's ehrlich,

die Lage, so kommt's, dass ich manchmal
verzage und bitte, dass Gott
heutzutage uns lächelnd ertrage
und sein Gericht noch vertage.

Reibung

Aber ja, auch ich
reibe mich
an so manchem
in der Kirche,
woran, das will ich hier
nicht weiter vertiefen.

Doch andererseits
lehrt bereits die Physik,
dass Reibung gewöhnlich
Wärme erzeugt.

Man könnte an
Nestwärme denken,
etwas wie Zugehörigkeit
sozusagen.

Denn woran man
sich reibt, – nun,
das lässt einen nicht
kalt.

Die neue Hoffnung

Es ist nicht zu leugnen:
was viele Jahrhunderte galt,
schwindet dahin. Der Glaube,
höre ich sagen, verdunstet.

Gewiss, die wohlverschlossene
Flasche könnte das Wasser
bewahren. Anders die offene
Schale: sie bietet es an.

Zugegeben, nach einiger Zeit
findest du trocken die Schale,
das Wasser schwand. Aber merke:
die Luft ist jetzt feucht.

Wenn der Glaube verdunstet,
sprechen alle bekümmert von
einem Verlust. Und wer von
uns wollte dem widersprechen!

Und doch: einige wagen trotz
allem zu hoffen. Sie sagen:
Spürt ihr's noch nicht?
Glaube liegt in der Luft!

Unsereiner

Ich habe durchaus
an der Kirche, so wie sie ist,
einiges auszusetzen.

Ich fürchte indessen,
der Kirche geht es,
was mich betrifft,
nicht viel anders.

Gut, dass die heilige Kirche
zwar göttlichen Ursprungs,
aber zugleich eine
überaus menschliche
Kirche der Sünder ist.

So ist immer noch Platz,
auch für Leute wie mich.
Und ich finde hier,
wonach ich am meisten
verlange: Erbarmen.
Und Gottes unbegreifliche
Gnade.

Huldigung

Kirche, du arme alte Waschfrau:
Ein Leben lang auf den Knien,
bemüht, mit krummem Rücken
und roten, rissigen Händen
die schmutzige Wäsche zu waschen
so vieler Generationen, immer wieder
andern den Dreck wegzumachen,
bemüht, ein Leben lang und wie vergeblich
dem Staub zu Leibe zu rücken,
dem Schmutz, dem Rost und den Flecken
mit diesem unbegreiflichen Ehrgeiz,
ein kleines Stück dieser Welt,
wenigstens dieses kleine Stück Boden,
diesen immer wachsenden Berg Wäsche
womöglich weiß und rein zu erschaffen,
wie neu für den heutigen Tag.

Und ich, das Kind,
dem du die Windeln gewaschen
und die Lieder vom einfachen frommen
Leben gesungen hast,
sollte mich jetzt deiner schämen,
deiner rauen Hände und
deiner grauen Haare und deines
gebeugten Rückens?

Noch wenn ich sterbe,
wirst du bei mir sein geduldig
und deine rauen Hände falten.

Vision

Eine junge und schöne Kirche,
manchmal träume ich davon,
eine tanzende Kirche
mit Blumen im Haar,
ein großes fröhliches Kind,
himmelhoch jauchzend
verzückt, mit geschlossenen Augen,
verrückt vor Liebe
in deinen Armen, Jesus,
an dich geschmiegt
die Schönste von allen.

Manchmal sehe ich sie schon
mit meinen Augen,
diese junge verliebte Kirche
in all diesen großen Kindern
und in diesen ausgewachsenen
Leuten, die immer noch
ein bisschen wie Kinder sind.

Später

Manchmal frage ich mich: Was wird bleiben
später, wenn wir lang nicht mehr sind, in
sagen wir hundert, zweihundert Jahren,
von uns, unseren Hoffnungen, den Sorgen
und all den Gebeten, den Liedern, die wir
gesungen?

Was wird bleiben von den Kirchen, die wir
erbauten, mit ihren riesigen leeren Wänden,
weil uns nichts einfiel, kein Bild, keine
Vision mehr, kein Maler auch, dem wir es
zutrauten, das Unbegreifliche sichtbar
vor Augen zu stellen?

Aber vermochten wir selber denn, von
unserem Glauben zu reden? Wussten wir noch,
wie ein Heiliger aussieht? Vom Himmel zu
schweigen, der immer blasser und fremder
wurde unter den endlosen Diskussionen,
bis er entschwand schließlich und nichts
uns blieb außer verlegenem Schweigen?

Mag schon sein, dass sie verfallen sein werden
später, verlassen die riesigen Mauern und
Türme der Kirchen und stumm die Orgeln,
die Glocken, indes vielleicht eine kleine
Gemeinde irgendwo sonst sich versammelt
im Hinterhaus, in einem Laden.

Aber auch möglich, wer weiß, dass die heiligen
Räume geschmückt werden mit neuen und
hinreißenden Bildern des wiederentdeckten
Glaubens und dass Menschen singen, wie wir
es taten, inbrünstiger noch als wir,
das alte und immer neue Lied gegen den Tod:
das unbesiegbare Halleluja

Wo man andere liebt

Wo man andere liebt,
ist der Ort der Gemeinde,
die sich nach Christus nennt.
    Wie er soll sie teilen
    ihr Leben und heilen
    die Kranken und Krummen
    die Blinden und Stummen
    sie soll sich erbarmen
    der Schwachen und Armen
        Wo die Liebe geschieht,
        hat das Elend ein Ende,
        da wird die Erde neu.

Wo man Unrecht bekämpft,
ist der Ort der Gemeinde,
die sich nach Christus nennt.
    Wie er soll sie sprechen
    für Recht und zerbrechen
    die Herrschaft der Klassen
    die Allmacht der Kassen
    den Dünkel der Rassen
    den Stumpfsinn der Massen
        Wo Gerechtigkeit wird,
        hat das Elend ein Ende,
        da wird die Erde neu.

Wo Versöhnung geschieht,
ist der Ort der Gemeinde,
die sich nach Christus nennt.
    Wie er soll sie künden
    Vergebung der Sünden
    inmitten von Waffen
    soll Frieden sie schaffen

versöhnen die Feinde
als seine Gemeinde
    Wo der Friede entsteht,
    hat das Elend ein Ende,
    da wird die Erde neu.

Segen

Herr, segne uns, lass uns dir dankbar sein
    lass uns dich loben, solange wir leben
    und mit den Gaben, die du uns gegeben
    wollen wir tätig sein

Herr, geh mit uns und lass uns nicht allein
    lass uns dein Wort und dein Beispiel bewahren
    in der Gemeinde deine Kraft erfahren
    Brüder und Schwestern sein

Herr, sende uns, lass uns dein Segen sein
    lass uns versuchen, zu helfen, zu heilen
    und unser Leben wie das Brot zu teilen
    lass uns ein Segen sein

Quellennachweis

Die Texte »Das große Osterfest« (S. 90) und »Pfingstgesang« (S. 112) sind entnommen aus: Lothar Zenetti, Die wunderbare Zeitvermehrung. Erich Wewel Verlag, 5. Auflage 2000 (Sankt Ulrich Verlag, Augsburg).